Cómo dejar de procrastinar
(¡Hazlo ya!)

free spirit
PUBLISHING®

Cómo dejar de procrastinar

(¡Hazlo ya!)

Pamela Espeland y Elizabeth Verdick

Ilustraciones de Steve Mark

free spirit
PUBLISHING®

Library of Congress Cataloging-in-Publication Data
Names: Espeland, Pamela, 1951- author. | Verdick, Elizabeth, author. | Mark, Steve, illustrator.
Title: Cómo dejar de procastinar : (¡hazlo ya!) / por Pamela Espeland y Elizabeth Verdick ; illustraciones de Steve Mark.
Other titles: See you later, procrastinator! Spanish
Description: Minneapolis, MN : Free Spirit Publishing, [2024] | Series: Laugh & learn | Includes bibliographical references and index. | Audience: Ages 8-13
Identifiers: LCCN 2023043220 (print) | LCCN 2023043221 (ebook) | ISBN 9798885545181 (paperback) | ISBN 9798765970621 (ebook)
Subjects: LCSH: Procrastination--Juvenile literature.
Classification: LCC BF637.P76 E8718 2024 (print) | LCC BF637.P76 (ebook) | DDC 179/.8--dc23/eng/20231107
LC record available at https://lccn.loc.gov/2023043220
LC ebook record available at https://lccn.loc.gov/2023043221

Diseño de Marieka Heinlen

Printed by: 70548
Printed in: China
PO#: 9170

Free Spirit Publishing
Un sello de Teacher Created Materials
9850 51st Avenue North, Suite 100
Minneapolis, MN 55442
(612) 338-2068
help4kids@freespirit.com
freespirit.com

FSC
www.fsc.org
MIX
Paper | Supporting responsible forestry
FSC® C144853

Dedicatoria

Para Johnny,
por la paciencia que me tiene
cuando postergo las cosas.
—PLE

Para Dan, Olivia y Zach,
por las risas y la diversión
que le aportan a mi vida
—EHV.

Tabla de contenido

Pregunta rápida

¿Qué es la *procrastinación*?

1. un país pequeñito en alguna parte de Europa

2. lo contrario de *anticrastinación*

3. una palabra larga y difícil de escribir

4. el hábito de posponer las cosas, hacerlas a último momento o no terminar lo que se empieza

5. ni idea; pregúntame después

Respuesta: 4. la 1 es una fontería, la 2 es una palabra inventada, la 3 es verdadera, pero no cambia nada y la 5 es un chiste… ¿Lo pescaste?

1

Procrasti-nación

¿Siempre hay alguien diciéndote que hagas las cosas?

¿A menudo sientes que se te acaba el tiempo?

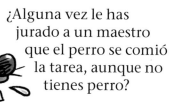

¿Alguna vez le has jurado a un maestro que el perro se comió la tarea, aunque no tienes perro?

¿Sueles esperar a último momento para empezar las cosas y luego te angustias hasta que te da un ataque y terminas explotando de los nervios?

En síntesis, ¿sueles *procrastinar?*

¡Pues bienvenido al club! Más de 1 de cada 4 estadounidenses creen que son procrastinadores seriales. Si hablamos de estudiantes universitarios, ese número aumenta a 3 de cada 4. Los jóvenes son más propensos a procrastinar que las personas mayores.

Entonces, ¿posponer las cosas es realmente un problema? Sí, sobre todo si quieres tener una vida feliz y saludable. Quienes procrastinan suelen ser menos felices, menos saludables... y, por si te interesa, también suelen tener menos dinero.

Es probable que alguien, como uno de tus padres o un maestro, haya observado que te cuesta cumplir con tus obligaciones. Quizá esa persona te dio este libro. Tal vez pienses que no lo necesitas y no quieres leerlo.

No pasa nada. No es fácil admitir que procrastinas y que necesitas un poco de ayuda. Tal vez sí pospones alguna que otra cosa o esperas, esperas y esperas hasta que, al final, terminas haciendo algo bastante decente. ¿Está tan mal eso? Claro que no. Todos procrastinamos de vez en cuando... hasta los presidentes.*

* Andrew Jackson, el séptimo presidente de Estados Unidos, dijo una vez: "No tener nada que hacer no tiene ninguna gracia; la gracia es tener pilas de cosas que hacer y no hacer ninguna".

Pero la procrastinación puede convertirse en un hábito difícil de erradicar. Quizá te acostumbras tanto a ella que ni siquiera te das cuenta de que postergas cosas hasta que te asalta esa terrible sensación de angustia cuando se va acercando la fecha de entrega. Es probable que te sientas mal cuando esquivas tareas escolares o del hogar, pienses que has decepcionado a alguien o sepas que te meterás en problemas. Todo eso suma estrés, y ¿quién quiere estresarse así?

Estás creciendo y cambiando y, si todavía no vas a la escuela intermedia, pronto lo harás. La escuela intermedia (o el bachillerato) implica **MÁS** cosas: más responsabilidades, más maestros, más materias, más salones de clases, más tareas en el hogar, más presión en tus actividades extraescolares y más complicaciones con tus amistades.

Cuando tienes tanto que atender, necesitas formar hábitos que vayan *a tu favor*, no *en tu contra*.

Y de eso se trata este libro. No pretende fastidiarte, regañarte ni hacerte sentir mal. Más bien, te propone maneras de hacer rápidamente las cosas, organizarte, tomar el control de tus tareas y, principalmente, dar el primer paso.

Por el momento, lo único que tienes que hacer es seguir leyendo.

La triste historia de
Pedro, el Procrastinador

—¡Qué rico estaba todo, mamá! —dijo Pedro, el Procrastinador, y se levantó de un salto para retirar los platos sucios de la mesa. Se aseguró de hacerlo deprisa para que nadie pudiera interrogarlo sobre la tarea de la escuela. Al día siguiente tenía un examen importante de Matemáticas y no quería que sus padres comenzaran a fastidiarlo con que debía ponerse a estudiar.

Minutos después estaba plantado frente al televisor con el control en la mano y pensando: "¡Esto sí que es vida!".

Su papá se acercó justo cuando Pedro acababa de pasar a un nuevo nivel:

—Disculpa, Pedro, pero ¿no tienes tarea?

—Ya me pongo con eso —respondió Pedro sin decir una palabra sobre el examen.

Cuando su papá regresó media hora después, Pedro todavía estaba jugando. El papá extendió la mano en señal de "entrégame el control". Pedro le hizo caso y se fue a su habitación, no sin antes echar mano disimuladamente del teléfono y esconderlo debajo de su sudadera. Cerró la puerta de la habitación para dar la impresión de que estaba trabajando.

Pedro decidió llamar a algunos amigos. Todos estaban estudiando para el examen y no podían hablar mucho. Así que llamó a sus amigos de otra escuela. Y luego llamó a su primo. "¿A quién más puedo llamar?", se preguntó. Empezó a marcar otro número:

—¡Hola, abuela, soy yo! ¿Qué tal?

Después de tanta charla, Pedro necesitaba un bocadillo, así que bajó a la cocina a prepararse un postre helado. Reunió todos los ingredientes que encontró y armó una montaña en miniatura. Eso le llevó apenas 30 minutos. Luego, se sentó a mirar televisión con sus padres y su hermanita.

—De verdad necesito descansar —anunció. Todos supusieron que había terminado su tarea, y eso era justo lo que Pedro quería que pensaran.

Pedro vio un capítulo de una comedia y se quedó para ver el que seguía. La familia entera se reía, pero Pedro se reía *demasiado* fuerte. Tenía una sensación extraña, como si debiera estar haciendo algo... ah, sí, el *examen*.

"En 10 minutos empiezo", se prometió.

"Solo cinco minutos más y me pongo a estudiar".

"Voy cuando empiecen los anuncios".

"Unos minutitos más". Miró el reloj, algo nervioso. Casi era hora de dormir.

"Si pasan un anuncio de alimento para perros, *ese* será mi aviso para subir y ponerme a estudiar".

"¡A su perro le ENCANTARÁN los nuevos trocitos Pupis!".

"¡Está bien, voy!".

Pedro se despidió de la familia y arrastró los pies por las escaleras hasta su habitación. Se metió en la cama con el libro de Matemáticas y una linterna. De pronto, los problemas de Matemáticas le parecían mucho más difíciles de lo que recordaba. Sentía un bloque de cemento en el estómago. —Seguramente es por el helado —murmuró—. ¿Será que el helado da sueño...?

Secreto no tan secreto: procrastinar sí que es *agotador*.

Procrastinación en acción

La procrastinación es un hábito, lo que significa que te comportas de manera automática. Lo haces sin pensarlo, como comerte las uñas o sonarte los nudillos. Dices o piensas cosas como:

"Lo haré después".

"Me pondré con eso mañana".

"No es urgente".

En otras palabras, adquieres el hábito de *no hacer*. Remoloneas, postergas, te preocupas o te quejas, y las horas pasan. Antes de que te des cuenta, el tiempo se acabó y estás con el agua hasta el cuello. ¡Ay!

¿Y después qué? Puede que inventes excusas. E inventar excusas (para ti mismo o para los demás) puede hacerte sentir más agotado que un **ratón** que huye de un gato.

SALIDA

"Me enfermé".

"No sabía que tenía que hacerlo".

"Nadie me explicó cómo hacerlo".

"Lo perdí".

"Me olvidé".

"No me tocaba a mí".

"Estaba ocupado".

"No te oí cuando me lo pediste".

11

"Mi gato le vomitó encima".

"Hice la mayor parte".

"Me lo olvidé en el autobús".

"No tenía ganas".

"Pensé que se entregaba otro día".

"No tuve tiempo".

Entonces, ¿por qué procrastinamos?

Buena pregunta. ¿La dejamos para después? (¡Es broma!).

Las personas procrastinan por diversas razones. Lo que más debe importarte a ti (y a quienes te rodean) es por qué lo haces *tú*.

Es hora de que te hagas esa pregunta.

Ponte los guantes

Para llegar a la raíz de tu procrastinación, lee las siguientes razones. ¿Con cuál te identificas más? ¿Hay más de una? No te preocupes, el **Profesor Batalla** (**PB** para abreviar) te enseñará a noquearlas todas.

¿Cómo te sientes?

¿ABRUMADO?

Quizá tienes demasiadas obligaciones, o al menos esa es tu impresión. En todo caso, sientes que estás en un pozo y no sabes cómo salir.

Haz una lista de todas las cosas que crees que tienes que hacer. Incluye las tareas del hogar, las de la escuela, los proyectos, las actividades, todo.

Pídele a un adulto que te ayude a establecer *prioridades*. Escribe una A junto a las cosas que son muy importantes, una B junto a las menos importantes y una C junto a las que pueden esperar.

Ahora viene la parte divertida: tacha las cosas que realmente *no* necesitas hacer. Ya sabes, cosas que ibas a hacer semanas o meses atrás y nunca encontraste el momento, cosas que ya es muy tarde para hacer o cosas que ya no tienen importancia.

¿Lo ves? ¡Tu lista ya se hizo más corta! ¿Qué dices? ¿Puedes escoger una de tus prioridades, A o B, y resolverla (o empezarla al menos) hoy?

¿ASQUEADO?

Algunas tareas son repugnantes. ¿A quién le gusta limpiar la litera del gato o la pasta dental vieja que quedó pegada en el lavabo? ¿Quién quiere sacar las malolientes bolsas de basura o recoger el popó del perro?

Tápate la nariz, aprieta los dientes y hazlo. (No olvides lavarte las manos después). Por desgracia, no hay plan B. Si es *tu* tarea y no la haces, ¿quién la hará? Si hay muy malos olores involucrados, cúbrete la nariz y la boca con un pañuelo. Si te toca trabajar afuera, asegúrate de que los vecinos sepan que no eres un bandido.

¿ESTRESADO?

Quizá procrastinas cuando un proyecto te parece demasiado difícil. Si aprenderte una larga lista de palabras de ortografía no es fácil para ti, puede que te estreses al pensar en esa tarea. ¿Notaste alguna vez que, cuanto más tiempo dejas pasar, más larga parece la lista?

¡Paf!

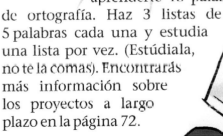

Divide ese proyecto tan grande y difícil en tareas más pequeñas y sencillas. A eso se le llama la *técnica del salame*. Digamos, por ejemplo, que tienes que aprenderte 15 palabras de ortografía. Haz 3 listas de 5 palabras cada una y estudia una lista por vez. (Estúdiala, no te la comas). Encontrarás más información sobre los proyectos a largo plazo en la página 72.

¿NIHILISTA?*

Quizá te asalten pensamientos como los siguientes: "¿De qué sirve hacer la tarea de la escuela? ¿Por qué tengo que ocuparme de las tareas del hogar? ¿Qué sentido tiene limpiar mi habitación si va a volver a ensuciarse?".

* Sorprende a tus amigos con esta palabra. Los *nihilistas* piensan que todo se reduce a nada y por eso nada tiene sentido.

Lo que necesitas es una *motivación*, es decir, algo que quieres obtener por lo que estás dispuesto a esforzarte. Es un premio que te das cuando haces algo bien (un bono, no un soborno). Escoge cosas divertidas que no hagas todos los días.

¡Crac!

Una motivación puede ser la mesada. Conversa con los adultos de tu familia para ver si pueden darte una mesada por hacer las tareas del hogar. (La contra es que realmente debes *hacer* las tareas para que te den el dinero). Con su ayuda, puedes hacer una lista de tareas diarias y semanales, decidir una cantidad de dinero justa y quizá hasta puedan pensar maneras en que puedas ganar más dinero haciendo tareas adicionales. Crea una tabla de tareas (ve a la página 66) para no olvidar las cosas que tienes que hacer. Algunas familias proponen dividir la mesada en tercios: uno para ahorrar, otro para donar a una causa noble y el tercero para gastar. Encontrarás más ideas de motivaciones en las páginas 38 y 39.

¿EXHAUSTO?

¿Empiezas como un COHETE y luego vas... perdiendo... potencia? Eso puede pasar cuando los proyectos grandes tienen muchos pasos o se hacen largos. Es fácil perder el interés y trabarse. Aunque te quedes sin combustible, no te des por vencido.

 Descubre cuál es tu "mejor momento". ¿Cuándo trabajas mejor? ¿Cuándo estás más alerta? Para algunos, ese momento se da a primera hora de la mañana. Para otros, bastante más tarde. Haz pruebas para darte cuenta de cuándo es. ¿Es apenas sales de la escuela? ¿Después de cenar? ¿Cuando te despiertas? ¿Los sábados por la mañana antes de ver a tus amigos?

¿ASUSTADO?

¿Soñaste alguna vez que te perseguía un monstruo, pero no podías mover ni un solo músculo? El miedo puede paralizar. Y es una de las principales razones por las cuales las personas procrastinan.

Hay miedos de todo tipo. Veamos algunos.

Miedo al fracaso

Antídoto 1: No hay nadie que siempre haga todo bien.

Antídoto 2: Todos fracasamos en algún momento.

Tener un *modelo* (alguien a quien admires) es útil. Cuando se trata de fracasar, un gran candidato es el inventor estadounidense Thomas Edison (sí, el del foco). Tuvo muchos fracasos en su carrera, pero su actitud fue siempre positiva. Una vez dijo: "Yo no fracasé, solo encontré 10,000 alternativas que no funcionaron".

Busca un modelo. Puede ser una persona de tu entorno o alguien que conozcas por historias que te contaron o que leíste. Puede ser una compañera de clases que no tiene un pelo de tonta o un vecino que parece tener las cosas claras. Puede ser un personaje de un libro de ficción o de una película. Piensa por qué admiras a esa persona.

Miedo de cometer errores

Antídoto 3: No es el fin del mundo si te equivocas.

Antídoto 4: La perfección no existe.

Algunos expertos creen que la mitad de lo que aprendemos tiene su origen en los errores. No naciste sabiendo caminar, hablar o alimentarte. Te caíste, dijiste un montón de palabras sin sentido y desparramaste todo tipo de comidas por el suelo (quizá lo sigues haciendo). Pero ¿qué habría pasado si te hubieras rendido tras cualquiera de esos "errores"? Probablemente seguirías usando pañales.

En lugar de pensar en los errores como fracasos, considéralos *oportunidades de aprendizaje*. ¿Qué habrías hecho distinto? ¿Qué mejorarías para la próxima?

Miedo de tomar decisiones

Antídoto 5: No tomar ninguna decisión es una decisión en sí misma. (¿Nunca lo habías pensado así?).

¡Clonc!

¿Tienes que tomar una decisión? Lanza una moneda o recita "de tin marín de do pingüé". También puedes escribir las opciones en papelitos, ponerlos en una gorra, mezclarlos y sacar uno sin espiar.

Miedo al éxito

Quizá ya estás acostumbrado a ser un poco perezoso. Tal vez quienes te rodean no esperan mucho de ti. Puede que tengas ideas extrañas, como: "Si logro esto, las personas esperarán que me vaya bien siempre", "¿Y si piensan que cambié demasiado?", "¿Y si se ponen celosos?" o "¿Y si me acusan de ser un fanfarrón o un cerebrito?".

Antídoto 6: En realidad, no le tienes miedo al éxito. Le tienes miedo a lo que podría pasar si tienes éxito.

Escribe cuáles serían las *peores* cosas que podrían pasar si tienes éxito. Luego, escribe las *mejores*. Si todavía dudas sobre si esforzarte es el mejor plan de acción, muéstrale tus listas a alguien de confianza. El miedo al éxito impedirá que te vaya bien en la vida.

Miedo a secas

Aunque parezca increíble, a veces las personas posponen cosas que tienen muchísimas ganas de hacer.

¿Alguna vez preferiste esperar en vez de hacer la prueba para entrar a un equipo, hablarle a la persona que te gusta o demostrarle tu talento al público? Una persona con miedo puede echar mano de *cualquier* excusa, como "mi horóscopo de hoy era malo" o "podría perderme algo interesante en la televisión".

Antídoto 7: A veces, cuando evitas hacer algo que te da miedo, podrías estar desperdiciando la oportunidad de brillar o divertirte.

 Escribe eso que vienes aplazando. También escribe la razón. ¿De qué tienes miedo? ¿Puedes hablar con alguien sobre ese miedo? Con ayuda, ¿eres capaz de respirar hondo y enfrentarlo?

¿Cómo te sientes?

¿ESTÁS HARTO?

Ser alguien de tu edad a veces es un fastidio. Los padres, los maestros, los entrenadores y otros adultos te dicen lo que tienes que hacer, todo el tiempo. La mayoría de los adultos se la pasan insistiendo con las reglas, las tareas de la escuela y del hogar y la hora de ir a dormir. ¿No te gustaría tener la sartén por el mango y darles órdenes a *ellos* alguna vez?

La cuestión es que los adultos están al mando y, en general, quieren lo mejor para ti. No te dicen qué hacer para hacerte sentir mal, sino para que aprendas y crezcas.

¡Cataplún!

Haz una lista de reglas divertidas que crearías si fueras adulto; por ejemplo, "La escuela es optativa", "Prohibido servir col de Bruselas" y "Los niños pueden irse a dormir a la hora que quieran". La risa puede ser una gran motivación. Levanta el ánimo y hace más divertida la vida.

¿ESTÁS DEPRIMIDO?

Quizá estás postergando pedirle disculpas a un amigo o escribirle una tarjeta a alguien que está enfermo. Tal vez te estás esforzando para ponerte en forma o adaptarte mejor a la escuela, pero no ves ningún progreso.

En momentos así, la preocupación o la tristeza pueden ser un obstáculo. La procrastinación puede darte un respiro, un alivio pasajero. Pero no caigas en la trampa. La sensación de "qué bueno que no tengo que lidiar con eso" no durará mucho. Te sentirás mejor si respiras hondo y haces lo que tienes que hacer.

 Habla con un adulto de confianza sobre tus preocupaciones o tu tristeza. Pide ayuda si la necesitas. No importa cuán mal te sientas, no estás solo. Siempre hay alguien que te quiere y está dispuesto a escucharte.

¿ESTÁS TRABADO?

Muchos niños y adolescentes procrastinan porque no saben cómo actuar. Nadie les ha enseñado a planificar, tomar buenas decisiones o concretar proyectos. Se desaniman porque no saben por dónde o cómo empezar. O empiezan bien, pero no saben cómo seguir. ¡Ayuda!

¡Ñam!

Prepárate un sándwich y continúa leyendo. Una técnica para dejar atrás el hábito de la procrastinación es reemplazarlo con hábitos nuevos que te hagan sentir que estás al mando de tu vida. ¡Allá vamos!

20 ideas para despedirse de la procrastinación

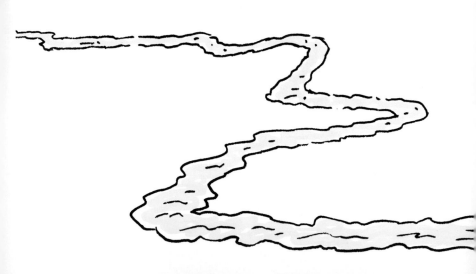

No te preocupes: no necesitas poner en práctica las 20 ideas al mismo tiempo. Tampoco debes aprenderlas en un orden específico. Tómate tu tiempo y pide ayuda si lo necesitas.

1. Tómalo con calma

Este libro no te convertirá en un robot que siempre cumple con todo a tiempo y no sabe relajarse. ¿Quién quiere vivir *así*?

No pienses que eres un perdedor porque empezar y terminar un proyecto no es lo que mejor se te da. Quizá tienes conflictos en casa porque tu familia no es muy organizada o no puede dedicarte mucho tiempo. Tal vez tienes problemas en la escuela porque te aburres, estás confundido o no entiendes lo que te pide el maestro. Puede que procrastines porque últimamente tienes más responsabilidades y no sabes cómo enfrentarlas.

Si tu intención es cambiar las cosas, hazlo. Si no puedes solo, pide ayuda. Habla con un adulto de confianza, como uno de tus padres, un familiar, un maestro o el consejero de la escuela. Diles algo como: "Estoy trabado y necesito una mano"; "La escuela me está costando. ¿Qué puedo hacer?". Esas palabras son un buen comienzo.

Ahora, haz una pausa. Piensa en un momento en que hayas logrado algo que realmente querías. Quizá leíste un libro bastante gordo y escribiste un excelente informe sobre él. Tal vez cumpliste una meta en un deporte o una actividad, o ayudaste a organizar un proyecto de voluntariado con la clase. Puede que hayas aprendido una obra musical, planificado una fiesta o creado algo que te llena de orgullo.

No importa lo que sea, fuiste *tú* quien lo hizo. Y eso quiere decir que también puedes romper el hábito de la procrastinación.

Es hora de decir...

¡Ponte en marcha que escarcha!

¡Lo hago veloz como perro feroz!

¡Atención que entro en acción!

El que espera es pera.

¡Ahora es tu turno! Inventa otras frases divertidas para decirle adiós a la procrastinación.

2. Misión: organización

Organizarte es una de las MEJORES maneras de tomar el control. Por fortuna, no es una misión imposible.

Hasta la persona más desordenada puede aprender a organizarse. Es la única forma de evitar el temido *efecto dominó.**

* Es como cuando armas una fila con fichas de dominó y tumbas la primera para que haga caer a las demás.

Escribir notas para agradecer los regalos.

¿Nadie hizo una lista?

¿Qué es lo que me regalaron?

Papel de carta. Ah, sí. Fue uno de los regalos.

Bolígrafo. Mmm... ¿tengo?

¿Dónde lo puse?

¡Aquí está! Uy, no tiene tinta.

¿Cómo haces para organizarte? Para empezar, no es algo que se logre en un solo día. Se aprende paso a paso. Tal vez algunas áreas de tu vida esten más organizadas que otras, así que concéntrate en las que necesitan más atención. Por ejemplo, ¿eres bastante organizado en tu casa, pero no en la escuela? ¿O es al revés? ¿Necesitas ayuda en los dos lugares? Consulta las páginas 42 a 44, 50 a 51 y 56 a 57.

3. Haz un plan

Tienes la mente ocupada y el cuerpo lleno de energía. Tu imaginación no conoce límites, tus pensamientos saltan de un tema a otro y tus sueños son fantásticos. Es fácil distraerse y olvidar completamente las cosas que *debes* hacer. En esas situaciones, una herramienta muy práctica es un **planificador.**

Un planificador te ayuda a llevar un registro de tus tareas y actividades diarias. Es posible que tu escuela te haya entregado uno. Si no, puedes comprarlo en una tienda de artículos de oficina.

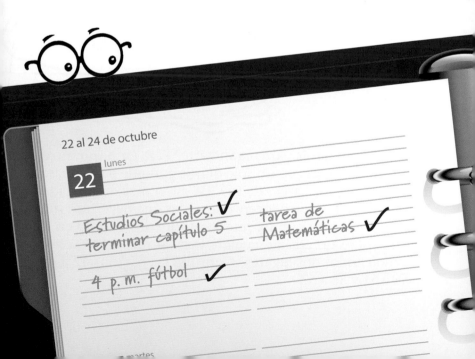

22 al 24 de octubre

lunes

22

Estudios Sociales: ✔
terminar capítulo 5

tarea de
Matemáticas ✔

4 p.m. fútbol ✔

martes

Uno sencillo que puede servirte es el **planificador semanal.** Cuando lo abres, ves la semana entera. Cada columna muestra la fecha y el día y tiene un montón de espacio para anotar cosas como:

- tareas de la escuela;

- fechas de exámenes;

- proyectos especiales;

- clases y eventos extraescolares;

- tareas del hogar;

- actividades familiares;

- momentos de juego, ocio y relajación.

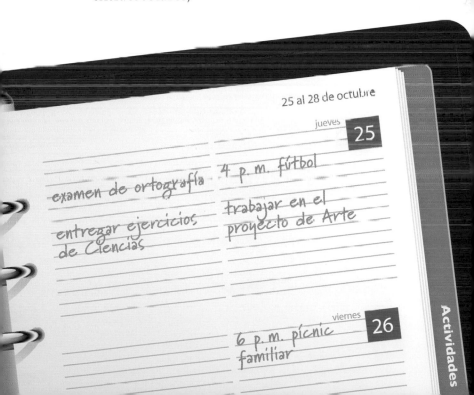

25 al 28 de octubre

jueves 25

examen de ortografía   4 p. m. fútbol

entregar ejercicios   trabajar en el
de Ciencias   proyecto de Arte

viernes 26

6 p. m. pícnic
familiar

Actividades

Te conviene escribir con lápiz. Las actividades y las tareas pueden cambiar, y eso significa que tendrás que borrar lo que escribiste. Puedes poner una marca de verificación junto a las tareas que ya hiciste. (¡Marcar las tareas es *TAN* satisfactorio!). Si quieres, pon estrellas o pegatinas junto a las fechas o los eventos especiales. Eso te garantizará que no se te escapen.

Como estudiante (o futuro estudiante) de la escuela intermedia o del bachillerato, tu lista de clases y actividades es más larga. Por eso tu planificador es muy útil. Cuando tienes anotado lo que tienes que hacer, es más sencillo cumplir con todo.

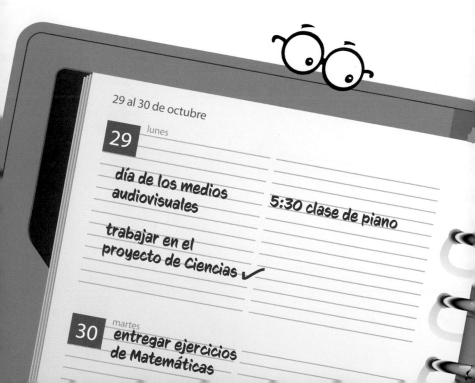

✓ Mira tu planificador cada mañana antes de ir a la escuela.

✓ Revísalo hacia el final de la jornada escolar.

✓ Llévate el planificador a casa.

✓ Vuelve a mirarlo por la noche. ¿Hiciste todo lo que tenías anotado?

✓ Si no hiciste algo, anota *cuándo* lo harás.

✓ Si necesitas una motivación, lee la lista de las páginas 38 y 39.

Quizá hayas oído la frase "no hay mejor recompensa que la satisfacción por un trabajo bien hecho". Pff, si eso fuera cierto, nadie necesitaría motivaciones... ¡ni un sueldo!

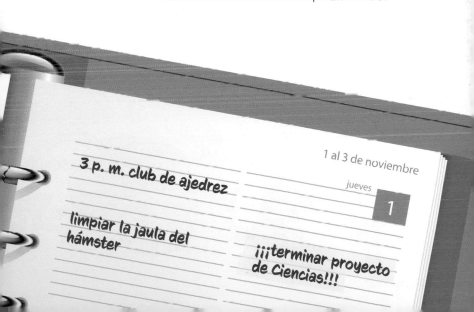

3 p. m. club de ajedrez

limpiar la jaula del hámster

1 al 3 de noviembre

jueves

1

¡¡¡terminar proyecto de Ciencias!!!

Motivaciones maravillosas y preciados premios

✳ mirar una película que te guste, aunque la hayas visto un millón de veces

✳ alquilar o comprar ese videojuego al que le echaste el ojo hace rato

✳ organizar una fiesta para celebrar tu logro

✳ invitar a tus amigos a hacer karaoke o a bailar

✳ comprar elementos o equipos nuevos para tu deporte, pasatiempo o manualidad favoritos

* hacer un paseo divertido con tu familia, como ir a un minigolf, un parque acuático o un museo

* cenar en el restaurante favorito de tu familia

* preparar una cena especial con tus comidas favoritas

* visitar a ese amigo al que no ves tan seguido

* comprar eso para lo que venías ahorrando

* organizar un evento al aire libre para tus amigos: un partido de sóftbol o de *kickball*, un torneo de bádminton, una guerra de globos de agua, un circuito de obstáculos o alguna carrera estrafalaria

* obtener vales para cosas divertidas o especiales, como un desayuno en la cama (pero tienes que confeccionar los vales con anticipación y bajo la supervisión de uno de tus padres, que te dejará escoger una opción cuando cumplas una meta, termines una tarea difícil o merezcas un premio)

4. ¡Hazlo ya!

Si hay algo que vienes posponiendo, que no quieres hacer o que no logras empezar:

Primero haz la **peor** parte.
El resto será pan comido.

O bien...

Haz la parte *fácil* primero.
La gratificación llegará
al instante.

Tienes razón: los dos consejos son *exactamente opuestos*. Y el motivo es que no existe *una* manera de vencer la procrastinación que funcione para todo el mundo. Escoge la que te funcione a ti.

5. Esto, y eso… y aquello

No importa cuán afilada tengas la mente, recordar todo lo que quieres o debes hacer es difícil. Y no es ninguna sorpresa: tu mente rebosa de cosas más interesantes, como:

tus sueños

y fantasías

y datos que aprendes en la escuela

y conversaciones con amigos

y chistes que te contaron

y consejos de tus maestros y entrenadores

y cosas graciosas que hizo tu perro

y cosas que quieres hacer después de clases

e historias extrañas, aunque reales

y preguntas sobre la vida

¿Se entiende la idea? No queda mucho espacio para cosas aburridas como "ordenar los calcetines".

Una **lista de pendientes** es la solución. Puede complementar tu planificador. La lista sirve para las cosas inesperadas o adicionales que tienes que hacer. Por ejemplo, si tuvieras que lavar tu uniforme antes del próximo entrenamiento, lo pondrías en la lista. Si tuvieras que enviarle un correo electrónico al tío Oscar, también lo agregarías. Y si necesitaras un recordatorio para comprar pegamento, ¡claramente iría a la lista!

Las listas de pendientes deben ser sencillas. Este es un ejemplo de lo que **NO** va en la lista:

✓ preparar el desayuno

✓ desayunar

✓ masticar bien cada bocado

✓ tragar

✓ beber jugo

✓ limpiarse la boca

No hace falta que pongas en la lista *todo* lo que haces durante el día. Anota solamente lo básico, las cosas que es más probable que olvides o pospongas.

✳ Haz una lista rápida todos los días.

✳ Marca o tacha las cosas que ya hiciste.

✳ Prémiate con cosas sencillas cada vez que terminas algo (por ejemplo, con 15 minutos de tiempo para navegar en internet o patinar).

✳ Agrega las cosas que *no* tachaste a la lista del día siguiente.

6. Entrena tu mente

Cuando no logres empezar:

- **Piensa** en lo bien que te sentirás cuando hayas TERMINADO, no en lo horrible del proceso.

- **Pregúntate:** "¿Qué va a pasar si termino la tarea?". Luego, hazte esta otra pregunta: "¿Qué me pasará *a mí* si no la termino?". ¿Vale la pena meterse en problemas o recibir una mala calificación?

- **Convéncete** de que le dedicarás solo 5 minutos a la tarea. Pon un temporizador y empieza. Cuando se cumpla el tiempo, haz una pausa.

Cuando no puedas seguir:

- **Repasa** lo que ya terminaste. Felicítate por todo lo que avanzaste.

- **Descansa** un ratito, no más de 10 a 15 minutos. Haz algo que te guste o que te llene de energía, como correr alrededor de la manzana, practicar unos lanzamientos de baloncesto o saltar.

- **Juega** a ganarle al reloj. Estima el tiempo que te llevará la tarea. Pon en marcha el temporizador. PREPARADOS, LISTOS, ¡YA!

7. Ten un par de trucos bajo la manga

Muchas veces, no es que las personas quieran procrastinar. Lo que ocurre es que se olvidan de lo que debían hacer.

Con estos trucos para la memoria, puedes asegurarte de que eso no te pase a ti:

- **Ata un hilo a tu dedo.** Así era como las personas recordaban las cosas antes. (El hilo es el recordatorio).

- **Escríbelo en el dorso o la palma de tu mano.** Es la misma idea que la del hilo. (No uses tinta indeleble o te quedará estampado para siempre).

- **Pon una piedrita en tu zapato.** Hazlo por la noche antes de acostarte. Cuando te calces por la mañana, sentirás la piedrita y recordarás lo que debes hacer.

- **Transfórmate en un elefante.** Un elefante nunca se olvida de nada.

¿Qué puedes hacer para recordar las cosas? Escríbete una nota o agrega un punto a tu lista de pendientes.

¡Encuentro con Evan a las 6 p.m.!

Cómo mejorar la memoria:

✔ **Anota las cosas.** Es más probable que recuerdes algo si lo escribes. Y, si te olvidas, tendrás un recordatorio escrito.

✔ **Busca variedad.** Cuando estés aprendiendo algo nuevo, prueba diferentes técnicas: léelo en voz alta, cántalo, dibújalo, báilalo o conviértelo en un mapa. También puedes hacer rimas.

✔ **Conversa sobre los problemas.** Si te abruman las preocupaciones, háblalo con un adulto de confianza.

✔ **Elimina las distracciones.** Muchas personas creen que pueden hacer varias cosas al mismo tiempo. Pero es difícil concentrarse si miras televisión, escuchas música, navegas por internet, envías mensajes de texto, conversas y juegas a un videojuego, todo a la vez. Es así: no hay vuelta que darle. Trata de concentrarte en una cosa a la vez.

✔ **Ríete.** Retendrás más tiempo las cosas que puedas relacionar con algo gracioso.

✔ **Muévete.** Cuando tengas que recordar algo, dilo en voz alta mientras caminas, saltas o lanzas una pelota.

¡TÚ PUEDES!

✓ **Come alimentos rojos.** Son ricos en betacaroteno, un aliado de la memoria. Algunos ejemplos son la fresa, el tomate, el repollo colorado, el rábano, la sandía y la cereza. Nota: los caramelos rojos no entran en la lista.

✓ **Pega notas adhesivas.** Escribe recordatorios en notas adhesivas y pégalas en lugares que estén muy a la vista, como tu espejo, tu casillero o tu cuaderno.

Doblar y guardar la ropa limpia

Llenar botellas con agua antes del entrenamiento

Llevar refrigerios el lunes

COMER fresas

Examen de Ciencias, examen de Ciencias... ¡no te arrepientas!

ESTA NOCHE

Pasear a Barkley

8. El poder de las rutinas

Aunque parezca insólito, las rutinas dan LI-BER-TAD. Hacen la vida más sencilla. Por ejemplo, es probable que tengas una rutina de baño (aunque quizá no te hayas dado cuenta). Piénsalo: ¿empiezas siempre por la cabeza, lavándote el pelo? ¿O empiezas lavándote los pies y vas subiendo? Sea cual sea tu rutina, es probable que puedas hacerla toda aunque estés medio dormido.

Si desarrollas rutinas confiables, tu vida será más sencilla y más organizada. Estas son algunas rutinas interesantes que puedes poner en práctica:

Rutina para la mañana: lavarse la cara, vestirse, tomar un desayuno saludable y nutritivo, cepillarse los dientes, mirar el planificador y revisar la mochila;

Rutina para antes de salir de la escuela: mirar el planificador, buscar los libros de texto y los que necesites de la biblioteca, las carpetas, las tareas, el abrigo y los uniformes, y llevar la mochila a casa;

Rutina para hacer la tarea: fijarse en cuál es la tarea, planificar cuánto tiempo te llevará, comer un bocadillo saludable y beber un vaso de agua (para recobrar energía), trabajar en un lugar tranquilo, estirarte de vez en cuando y pedirle a un adulto que revise lo que hiciste;

Rutina para antes de ir a la cama: preparar la mochila, escoger la ropa para el día siguiente, revisar el planificador y la lista de pendientes, lavarse la cara, cepillarse los dientes y esperar con ganas el día siguiente.

Una vez que hayas memorizado tus rutinas, no te costarán nada de esfuerzo.

9. Adiós al aburrimiento

Cuando debas hacer algo insufrible o aburrido, puedes...

Poner música. Hay quienes dicen que la música de Mozart te vuelve más inteligente. Tú puedes escuchar lo que te guste en función de lo que estás haciendo. Si estás estudiando, la música instrumental probablemente sea mejor, así no te distraes con las letras.

Pedirle a un amigo o a un familiar que te ayude. Casi cualquier tarea se hace más fácil (y más divertida) con compañía.

Pedirle a otra persona que lo haga. Eso se llama *delegar* y es algo que los adultos hacen todo el tiempo. Por supuesto, depende de lo que tengas que hacer. Pedirle a alguien que memorice las tablas de multiplicar por ti no te servirá de nada. Y si hay algo de lo que no puedes escapar es de la tarea. Pero puedes preguntarle a un hermano si podría vaciar el cesto de basura o tender la cama un par de días. (¿Qué le ofrecerás a cambio?).

Motivarte. Poner la mesa no es lo más emocionante del mundo. Pero puedes hacerlo emocionante. ¿Y si usas los individuales especiales? ¿Qué tal si pones velas o tarjetas hechas por ti con el nombre de cada persona?

10. Tic, tac, tic, tac

La mayoría de los procrastinadores tienen una gran habilidad para encontrar las maneras más divertidas e interesantes de perder el tiempo. ¿Y tú? ¿Se te pasa la hora haciendo comecocos* o pelotitas de papel? ¿Alguna vez has decidido que definitivamente *tienes* que organizar toda tu colección de tarjetas de béisbol, aunque tienes una montaña de tarea? ¿Te pasas una eternidad haciendo caras frente al espejo, tratando de mantener un lápiz en la punta de la nariz o contándote las pecas?

> * Ya sabes, son esos jueguitos de papel doblado que predicen el futuro.

Ser consciente del tiempo te ayudará a aprovecharlo. Algunos de los devoradores de tiempo más importantes son las pantallas: el televisor, la computadora, la consola de videojuegos y el teléfono celular. Las horas se te escapan mientras navegas en internet, miras televisión, juegas videojuegos o les envías mensajes a tus amigos.

Ninguna de esas actividades es mala en sí misma, pero tienes que poner límites. Si alguno de tus padres ya establece límites por ti, respétalos.

Por ejemplo, dedícale a la tecnología entre 45 minutos y una hora al día (si tus padres están de acuerdo). Ese tiempo te alcanza para ver un capítulo de tu serie favorita y navegar media hora en internet. O puedes jugar videojuegos en intervalos de 15 minutos.

Busca maneras de combinar los períodos de ocio con el resto de las actividades. Puede ser útil poner un temporizador o pedirle a un familiar que te avise cuando se acabe el tiempo.

Si no tienes reloj, empieza a ahorrar para comprarte uno. Podrás mirar la hora y saber cuánto tiempo te lleva cada cosa. Hasta podrías comprarte uno con alarma para que te recuerde las cosas importantes.

Hablar por teléfono con amigos es divertido, pero la charla no tiene por qué ser eterna. Si alguno de tus amigos es bastante conversador, avísale que tienes un límite de 15 minutos para cada llamada.

¿Le dedicas tiempo suficiente al ocio cada día? No olvides mirar por la ventana, jugar con tu mascota, estirarte, hablar pavadas y leer solo por diversión.

Pérdidas de tiempo totales

- hablar por teléfono con alguien con quien no tienes ganas de hablar sobre un tema que no te interesa

- volver a ver programas que te sabes de memoria

- tardar una hora en prepararte para hacer una tarea que toma 5 minutos

- navegar en internet o mensajearte con amigos de manera mecánica (si tienes los ojos vidriosos y tu baba cae sobre el teclado, pasó demasiado tiempo)

- comer una tonelada de comida chatarra para evitar hacer lo que tienes que hacer

- jugar a un videojuego que conoces tanto que podrías completar todos los niveles con los ojos cerrados

- tratar de trabajar cuando estás demasiado cansado (mejor toma una siesta o duerme bien de noche y luego vuelve a intentarlo)

11. Conoce tu caos

Si tienes la suerte de tener tu propia habitación, probablemente la consideres TU espacio. Haces de todo allí: duermes, te vistes, lees, descansas, haces la tarea, charlas con amigos y practicas en secreto tus pasos de baile. Puede que tengas fotos, tarjetas, trofeos o premios, anuarios, revistas, proyectos a medio terminar, carteles y demás cosas que cuentan la historia de tu vida. Quizá alberga mascotas y plantas. Y podría ser el lugar donde has guardado casi todo lo que tienes. ¿Hay algo malo en eso? ¡NO!*

Rodearte de cosas que tienen sentido para ti puede ser reconfortante. Te ayuda a definir quién eres. Es divertido alzar la vista y ver fotos u objetos que te ponen feliz y te transmiten paz. Y está bueno mirar a tu alrededor y sentirte en casa. Pero si te la pasas perdiendo cosas en medio del caos o tu energía se evapora cada vez que entras a tu habitación, algo no está bien. ¿Qué tipo de desorden tienes realmente?

* A menos que tu habitación sea un problema para toda la familia. Conversa con ellos sobre el tema.

- ¿Hay siempre una montaña de ropa en el piso?

- ¿Sueles tropezarte con tus cosas?

- ¿La capa de polvo es tan gruesa que las patas del gato quedan marcadas?

- ¿Encuentras comida vieja y llena de moho fuera del cesto de basura?

- ¿Hay un olor raro cuando entras?

- Si alguien entra, ¿grita "¡puaj!"?

Si respondiste que sí a alguna de estas preguntas, es momento de ocuparte del caos.

Tal vez procrastines menos en un espacio limpio y ordenado, ya que habrá menos distracciones. Estarás más organizado. Y te sentirás al mando de la situación.

En la página siguiente encontrarás consejos para empezar.

12. La gran carrera

La mala noticia es que te toca limpiar tu habitación.

La buena noticia es que no tiene por qué llevar mucho tiempo. De hecho, puedes hacerlo en *apenas 15 minutos*.

Antes de que empiece la cuenta regresiva oficial, busca:

✓ un temporizador;

✓ tu música favorita;

✓ un cesto para la ropa sucia;

✓ un cesto de basura (si le pones una bolsa de residuos adentro, ganas puntos extra);

✓ una cesta o caja para poner los objetos sueltos;

✓ otra cesta o caja para los juegos, la música y las cosas que quieres conservar;

✓ la aspiradora;

✓ un trapo y un líquido para limpiar las superficies.

¿Quieres que sea más divertido? Prueba este desafío: encuentra las cosas de la lista lo más rápido posible.

PREPÁRATE:

Configura el temporizador
para que suene en 15
minutos y pon la música
al volumen máximo
permitido. Busca
la manera de
dejar este libro
abierto para
que puedas leer
rápidamente la
lista de tareas de
las páginas 60 a 62
mientras limpias.

PONTE EN MARCHA:
Haz estas 10 cosas.*
¡Y hazlas rápido!

1. Ordena la ropa sucia. Pon las prendas que están para lavar en el cesto o el conducto de la ropa sucia. (No pongas a lavar *toda* la ropa que encuentres, sucia o no. La persona que tenga que lavarla se enojará). Si quieres un desafío más, pon del derecho todas las prendas que están del revés.

* Para ganar tiempo, pídele a un amigo o hermano que te ayude.

2. La basura a la basura. Pon en el cesto de residuos los restos de alimentos pegoteados, los envoltorios de golosinas, la goma de mascar aplastada, los pañuelos descartables usados y todo lo que esté roto o no sirva más.

3. Tiende la cama. Estira y ajusta las sábanas, extiende las mantas y alisa el cubrecama. Si sueles poner almohadones o muñecos de peluche sobre la cama, acomódalos en su lugar.

4. Ordena tu escritorio. Apila los papeles, acomoda los útiles rápidamente y guarda las cosas de la escuela en tu mochila. Repasa el escritorio con el trapo y el líquido limpiador.

5. Clasifica los objetos sueltos. Es probable que haya cosas en tu habitación que pertenecen a otros sectores de la casa. Por ejemplo, los platos van en la cocina, los juegos de tu hermano van en su habitación y los juguetes del perro van junto al perro. Pon esos objetos en una de las cestas o cajas.

6. Reúne las cosas que quieres conservar. Revisa el suelo y los muebles. Si hay juguetes, juegos, libros, aparatos electrónicos, elementos que usas para tus pasatiempos, fotografías y otras cosas que quieres conservar, ponlos en la otra cesta o caja. No se quedarán allí para siempre, pero puedes guardarlos en otro momento. Por ahora basta con sacarlos del paso. Limpia con el trapo tu cómoda y tu mesa de noche.

7. Ordena la ropa limpia. Reúne la ropa limpia, ya sea que esté colgada en el respaldo de la silla o hecha un bollo en el fondo del armario. Ponla sobre la cama. Si sabes doblar prendas rápidamente, hazlo. Forma pilas para guardarlas después. Cuelga la ropa que pueda arrugarse.

8. Enciende la aspiradora. Aprovecha que el piso está despejado para darle una buena repasada.

9. Pon todo en su lugar. Guarda la aspiradora y los elementos de limpieza. Saca la basura. Pon el cesto de la ropa sucia en su lugar. Ubica las dos cestas o cajas en un rincón hasta que tengas tiempo de revisar su contenido.

10. Felicítate. ¡Lo lograste! Vas por muy buen camino. Ahora es momento de relajarte y disfrutar el espacio. No hace falta que te conviertas en una persona obsesiva del orden, pero te sentirás más tranquilo y verás que puedes concentrarte mejor cuando la habitación está limpia. Quizás hasta te den ganas de que siempre esté así.

Más tarde, vacía las cestas o cajas y pon las cosas en su lugar. Que sea un juego: pon el temporizador y trata de terminar en menos de 5 o 10 minutos. Puedes prometerte un premio como jugar un rato afuera o llamar a un amigo.

Si compartes la habitación con un hermano desordenado, muéstrale esta lista y ofrécele ayuda con la limpieza.

13. Controla el caos

¿Sueles acumular cosas? Piensa en tu habitación, tu escritorio de la escuela, tu casillero, tu bolso de gimnasia y tu mochila. ¿Están repletos de objetos que no quieres, no necesitas o ni siquiera recuerdas que tenías? Sigue estos pasos para dejar de acumular cosas.

1. Revisa de a un estante, caja, cajón o pila por vez. No intentes encarar todo junto porque quizá te rindas antes de empezar. (Puedes anotar "revisar mochila" o "revisar lo que hay en el piso del armario" en tu lista de pendientes).

2. Forma dos pilas: **se queda** y **se va.**

3. Guarda lo que **se queda.**

4. Decide qué harás con lo que **se va,** por ejemplo:

- devolverlo (si es algo prestado);

- regalárselo a un amigo;

- dárselo a un hermano menor;

- donarlo si está limpio y en condiciones aceptables;

- reciclarlo.

Si resulta que tienes un montón de cosas que **se van,** pero están en buenas condiciones, organiza con tus amigos una venta de garaje. (¡Traten de no comprarse cosas entre ustedes!).

5. Si no logras decidir si algo **se queda** o **se va,** prueba esto: pon el objeto en una caja, escribe la fecha de hoy en la parte de afuera y ciérrala con cinta. Pon la caja en un lugar seguro. En tres meses (o seis, si puedes esperar), abre la caja. Si lo que había dentro no te hizo falta en ese tiempo, entonces **se va.**

 Cada vez que compres algo NUEVO, descarta algo VIEJO. Eso evitará la acumulación de cosas.

14. Haz una tabla de tareas

Para recordar todo lo que tienes que hacer, tendrías que tener dos cabezas. Una mejor idea es anotar las tareas del hogar diarias o semanales en una tabla. Así, puedes ver qué tareas hay en lugar de procrastinar o depender de que alguien te recuerde que alimentes al periquito, guardes la ropa limpia, quites las hojas secas del jardín, etc.

Pídele a un adulto de la familia que te ayude a crear la tabla. Para empezar, haz una lista de las cosas que debes hacer en la casa. Luego, escoge días para cada una.

llevar a Skippy a la veterinaria este VIERNES

tarea	domingo	lunes	martes	miércoles	jueves	viernes	sábado
poner la mesa para la cena		X		X		X	
cargar y descargar el lavaplatos	X		X		X		X
pasear a Skippy		X		X		X	
limpiar mi habitación				X			
barrer la escalera					X		

AMOR

recordatorio:
enviar nota de agradecimiento a la abuela

Puedes decorar la tabla con dibujos divertidos, caricaturas o imágenes recortadas de revistas. Renueva la tabla cada semana o cada mes, o con la frecuencia necesaria. Y *úsala* (no te olvides de su existencia).

Te sentirás más organizado y podrás cumplir con las cosas que tienes que hacer.

MENTIRAS EXPLOSIVAS

Estas son algunas excusas típicas de los procrastinadores:

"Me llevará demasiado tiempo". **La verdad:** lo más probable es que te lleve *menos tiempo* del que crees. Quizá pases *más tiempo* preocupándote, quejándote y poniendo excusas. (Esos 10 minutos que te pasas discutiendo con tu mamá para evitar lavar los platos podrían ser el tiempo justo y necesario para lavar los platos).

"Después será más fácil". **La verdad:** la basura huele peor al segundo día y la tarea no se vuelve más fácil si la pospones.

"Ahora tengo mucho que hacer". **La verdad:** algunas personas se mantienen permanentemente ocupadas para disfrazar su procrastinación. Si estás reorganizando la mochila por quinta vez esta semana, quizá no lo consideres procrastinación. PERO si tienes una prueba importante mañana, debes usar el tiempo para estudiar. (**Consejo:** Fíjate en cómo ocupas tu tiempo).

"Un amigo me pidió ayuda". **La verdad:** ayudar a un amigo es una acción muy buena. Esquivar tus responsabilidades no lo es. Haz tu trabajo primero y dedica el tiempo restante a ayudar a tu amigo.

"Funciono mejor bajo presión". **La verdad:** el trabajo hecho a último momento pocas veces es el mejor. Además, la presión aumenta el estrés.

Las mentiras tienen patas cortas y, tarde o temprano, explotan. ¡No te prendas fuego! En vez de mentirte, sé sincero contigo mismo. Si necesitas un empujoncito para arrancar, vuelve a leer las páginas 40 a 41, 45 a 46 y 52.

15. Ayuditas con la tarea

¡RÁPIDO!
Menciona eso que casi todo estudiante prefiere posponer.

Adivinaste: la tarea.

Como la tarea de la escuela no se irá a ninguna parte, mejor busca maneras de dejar de procrastinar. Aquí encontrarás lo que necesitas.

Tranquilidad. Busca un lugar silencioso para trabajar. Apaga el televisor o la música y pídele a tu familia que no te distraiga.

Espacio. Trabaja en un escritorio y siéntate en una silla cómoda. Debes tener buena luz para no cansar la vista. Ten a mano todos los materiales que necesitarás, como papel, bolígrafos, lápices, pegamento, marcadores, una engrapadora, clips, etc.

Energía. Identifica en qué momento trabajas con más concentración (por ejemplo, después de la escuela o de cenar). Bebe agua y come bocadillos saludables si tienes hambre. Cada 10 o 15 minutos, levántate y estírate para que no se te duerman las piernas.

Buenos hábitos. Haz la parte más difícil de la tarea primero para sacártela de encima. (También puedes hacer la más fácil. Lee las páginas 40 y 41). Procura leer siempre las instrucciones con atención para saber exactamente lo que tienes que hacer. Si tienes dudas sobre el ejercicio, puedes preguntarle a uno de tus padres o llamar a un compañero. Escribe con letra prolija para que el maestro la entienda.

Preguntas. Haz *todas* las preguntas que necesites. Es frustrante luchar contra un ejercicio que no entiendes. Pídele a uno de tus padres o a otro adulto que te ayude. Si nadie puede, por la razón que sea, escribe tus dudas y pregúntale a tu maestro al día siguiente. Explícale que intentaste resolver el ejercicio, pero no pudiste. (Es mejor admitirlo que inventar una excusa absurda).

El toque final. Revisa tu trabajo cuando termines. Pídele a uno de tus padres o a otro adulto que haga una segunda revisión. Por último, guarda la tarea en el fólder para que no se arrugue y ¡a la mochila!

¡Tarán! ¡Listo!

16. Proyecto grande, pasos pequeños

Tal vez hayas oído a un adulto recomendar: "Con un proyecto grande, lo mejor es dividirlo en partes más pequeñas". Genial, pero *¿qué quiere decir eso?* ¿Cómo se hace?

Aunque cada proyecto es diferente, estos pasos básicos pueden ayudarte a empezar y a entregar el proyecto a tiempo (o incluso antes).

- **Empieza a planificar el mismo día que te asignen el proyecto.**

- **Asegúrate de entender lo que hay que hacer.** ¿Cuál es el producto final? ¿Es un informe? ¿Es algo para exhibir? ¿Es algo que hay que representar? ¿Es una tabla? ¿Es un modelo de las pirámides? Si no entiendes algo, pregúntale a tu maestro.

- **Haz una lista de lo que debes hacer para completar el proyecto.** Define prioridades. ¿Qué debes hacer primero? ¿Y luego? ¿Y en tercer lugar? Escribe un número junto a cada tarea y vuelve a escribir la lista con los pasos en orden. (Recuerda que puedes *tachar* las tareas a medida que las completas. ¡Viva!).

- **Haz una lista de todos los materiales que necesitarás para completar el proyecto.** ¿Hay alguno que ya tengas? ¿Cómo conseguirás los que te faltan? ¿Necesitarás una computadora?

- **Define si necesitarás ayuda de tus padres o de otros adultos.** ¿Necesitarás que alguien te lleve a la biblioteca, a una tienda de artículos de oficina o a un museo? Pide ayuda, pero avisa cuándo la necesitarás. (No esperes a último momento para pedirla, los padres *odian* eso).

- **Establece plazos para completar cada paso del proyecto.** Escribe en tu calendario la fecha de finalización de cada uno.

- **Reserva un momento concreto cada día para trabajar en el proyecto.** Escríbelo en tu planificador y respeta el plan.

¿Qué pasa si te salteas un día? No te rindas ni trates de convencerte de que arruinaste el proyecto (no es así). Retoma el trabajo al día siguiente.

Cuando planificas un proyecto, tardas menos en completarlo que si te lanzas de lleno sin preparación. Repite esto rápido cinco veces:* planificar proyectos previene papelones.

* ¡Y sin escupir!

17. Desbloquéate

¿Alguna vez te pasa que tienes que hacer una tarea de escritura y... no... puedes... empezar? Miras fijo la hoja en blanco, la llenas de garabatos, te hundes en la silla, sigues mirando fijo y *nada*. O miras la pantalla, que te hipnotiza con el parpadeo del cursor y... *cero*. No estás procrastinando, aunque todos crean lo contrario. Lo que te sucede se llama **bloqueo del escritor.** Aquí te damos algunas estrategias que te ayudarán a superarlo.

- **¡No entres en pánico!** Dedica unos minutos a leer historietas, las tiras cómicas del periódico o algún cuento gracioso. Tal vez eso ayude a ponerte de humor para escribir.

- **Sácale el jugo a la escritura libre.** Toma el lápiz (o el teclado) y escribe cualquier cosa. Incluso si escribes "¡Ayuda! ¡Tengo bloqueo del escritor! ¡Ay! ¡Qué alguien me ayude!", no te detengas. Sigue escribiendo durante 5 o 10 minutos.

- **Olvídate de la gramática, la ortografía, la puntuación y todas las reglas.** Puedes retocar el texto después. Lo importante es que logres plasmar algunas ideas.

- **Copia algunos párrafos o páginas de tu libro favorito.** También puedes imitar el estilo de tu escritor favorito. ¡Pero atención! Esto es solo para *practicar*. Nunca copies textos de nadie en la tarea real. Eso es hacer trampa.

- **Escribe el final en primer lugar.** También puede ser la parte del medio. No hace falta que empieces por el principio. Una vez que empieces, será más fácil seguir.

- **¡Relájate! Piensa en otras cosas un rato.** Haz una pausa. Cuanto más te angusties por el bloqueo del escritor, más te costará superarlo.

18. Visualiza el éxito

Algunas veces, no logras empezar. Otras veces, arrancas pero te trabas. ¿Qué puedes hacer? Cierra los ojos y visualízate haciendo la tarea o el proyecto de principio a fin.

Muchos deportistas usan la *visualización* antes de una competencia. Ese método implica crear una imagen mental de lo que quieres que suceda. Los periodistas deportivos y el público han visto a los mejores deportistas cerrar los ojos y simular una carrera, una rutina de gimnasia o un *swing* de golf. Se ve extraño, pero ¿a quién le importa? ¡Funciona!

Otras estrategias mentales:

- **Recuerda algún logro y ponle nombre.** ¿Lograste juntar todas las hojas secas del jardín en 15 minutos y tu papá quedó tan impresionado que te invitó al cine? Esa hazaña podría llamarse "Torbellino". ¿Sacaste la mejor calificación en el examen de ortografía? Un buen nombre sería "Cervantes".* ¿Hiciste algo que requirió fuerza, energía y determinación? Podrías llamarlo "Dante, el Perseverante". El nombre será tu *palabra clave*. Pensarla o decirla te pondrá automáticamente en la actitud mental correcta.

* por Miguel de Cervantes Saavedra, el novelista español del siglo XVI

- **Tranquilízate y despeja la mente antes de empezar una tarea.** Para bajar el ritmo, respira hondo. *Inhala, exhala, inhala, exhala.* Para despejar la mente, haz una meditación breve. Busca un lugar donde sentarte cómodo, cierra los ojos y piensa en alguna palabra o sílaba que repetirás varias veces: *paraguas, paraguas, paraguas...* Hazlo entre 3 y 5 minutos.

- **Date ánimos.** Algunas frases que puedes decirte son: "Sé que puedo con esto", "Me quedará espectacular", "Me siento bien", "Me tengo confianza" y "Cuando termine, ¡festejaré a lo grande!".

19. Debería, habría, tendría...

¿Cuántas veces te dijiste cosas como las siguientes?

"Debería empezar la tarea ya".

"Tendría que entregar este ejercicio mañana".

"Habría que barrer el piso".

"Tengo que pasear al perro".

"Hay que levantar los platos después de cenar".

Debería, habría, tendría, tengo que, hay que... ¡Con razón no quieres hacer nada! Piensa en reformular las frases de esta manera:

"Decido empezar la tarea ya".

"Quiero terminar este ejercicio antes de mañana".

"Voy a barrer el piso hasta sacarle brillo".

"Me encantaría dar un paseo con el perro".

"Lo que más quiero es terminar de retirar los platos de la cena".

¿Ves la diferencia? Cambiar las palabras ayuda a cambiar la actitud.

En vez de esto:	Di esto:
"Algún día...".	"El lunes...".
"No puedo...".	"Puedo intentar...".
"Ojalá...".	"Puedo".
"Quizá...".	"Definitivamente...".
"Esta tarea será ODIOSA".	"¡Qué BIEN me sentiré cuando termine!".

Ya que estás, despide al **PERO** y contrata al **SÍ.**

En vez de esto:

"¡PERO no quiero!".

"¡PERO es muy difícil!".

"¡PERO estoy ocupado!".

"¡PERO quiero salir a jugar!".

Di esto:

"¡SÍ lo haré!".

"¡Sé que SÍ puedo hacerlo!".

"¡SÍ que lo terminaré!".

"¡Trabajaré primero y SÍ me divertiré después!".

P.D.: Trata de dejar las excusas de lado, porque no son más que mentiritas. Aunque no lo creas, es mejor adoptar una actitud honesta y enfrentar las consecuencias. Si le dices a tu maestro: "Todavía no terminé mi informe porque tuve una duda y necesito un poco de ayuda", seguramente sepa entender. Si le explicas a tu papá: "Sé que me pediste que hiciera eso, pero me distraje pensando en otras cosas y me olvidé", posiblemente te dé otra oportunidad. Haz la prueba.

20. Ponte metas

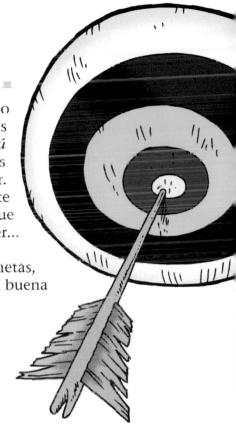

Una *meta* es algo para lo que te esfuerzas. Las metas ideales son cosas que *tú* quieres, no lo que otros creen que deberías querer. Pero también puedes fijarte metas para las cosas que necesitas o tienes que hacer... o lo que sea.

A la hora de ponerte metas, piensa en una PERA. Una buena meta es:

Positiva

Específica

Realizable

Activa

Una meta *positiva* te indica lo que tienes que hacer, no lo que debes dejar de hacer. Así, te sentirás bien cuando lo intentes:

> Me pondré con la tarea ni bien termine de cenar hoy.

¿No se siente mejor eso que "dejaré de holgazanear y aplazar la tarea"?

Una meta *específica* define exactamente lo que quieres lograr en un plazo determinado:

> Mi meta es practicar lanzamientos largos tres tardes esta semana.

Una meta *realizable* está a tu alcance:

> # Extenderé cada práctica
> # de música 15 minutos
> # esta semana.

Es un objetivo mucho más realista que "¡Aprenderé una canción nueva aunque sea lo último que haga!".

Una meta *activa* incluye una palabra de acción. Usa un verbo o una palabra que implique acción:

> # Juntaré toda la ropa sucia y
> # le pediré a papá que me enseñe a
> # programar la lavadora.

Trata de ponerte metas PERA que te ayuden a completar tareas, terminar proyectos que empezaste o hacer cambios positivos en tu vida. Son una herramienta poderosa para erradicar el hábito de la procrastinación.

¿Una meta te huele raro? Hazla pasar por el detector de peras. ¿Es **P**ositiva, **E**specífica, **R**ealizable y **A**ctiva? Descubre si sabes distinguir una buena meta de una meta pestilente con el test de la página siguiente.

Instrucciones: Descubre las metas pestilentes.

Dedicaré 20 minutos a estudiar las palabras de vocabulario después de cenar.

Obtendré una A++++ en Ciencias.

Hoy comeré fruta en el almuerzo. Si no hay fruta, comeré alguna verdura.

Mejoraré en el *kickball*.

Le escribiré una carta al abuelo mientras meriendo después de clases.

Hoy saludaré en el pasillo a tres personas con las que nunca he hablado.

Escribiré el mejor poema de mi vida.

Dejaré de criticar a la gente.

Voy a empezar a hacer ejercicio.

Seré mucho mejor estudiante antes de fin de año.

El sábado daré un paseo de 20 minutos en bicicleta.

Tendré la habitación más limpia de la historia antes de que termine el día.

Respuesta: Todas las metas verdes son pestilentes. Les falta PERA.

Cosas para hacer antes de estirar la pata

Intenta hacer una *lista para la vida*: anota todos los sueños que te encantaría hacer realidad algún día. Si lo piensas, una lista así podría cambiar tu vida ¡y mucho!

1. pisar la Luna

2. hacer amigos en 20 países

3. curar el cáncer

4. escalar el Everest

5. aprender otro idioma

6. navegar alrededor del mundo

7. correr un maratón

8. pilotear un avión pequeño (o uno gigante)

9, 10... 100...

Un hombre llamado John Goddard tenía 15 años cuando hizo su lista. Escribió 127 metas, entre ellas, "escalar el Kilimanjaro", "escribir un libro" y "aprender a tocar el violín". Goddard vivió muchos años y logró cumplir más de 100 de sus metas. (Puedes leer más sobre él y su lista en www.johngoddard.info). Tu lista puede ser como la suya o enteramente de tu propia creación. Prueba para ver cuántas metas se te ocurren ahora y suma otras con el tiempo. Una lista así es una gran MOTIVACIÓN. Seguramente te sentirás bien cada vez que cumplas alguna de esas metas.

Y ¿qué pasó con Pedro?*

—¡Ay, no! —dijo Pedro apenas se despertó—. ¡El examen de Matemáticas!

* La historia empezó en la página 5.

Cuando se acordó de que no había estudiado nada, lo sintió en el estómago. Se puso a pensar muy bien para decidir qué hacer.

¿Fingir un malestar? No, ya lo había hecho la semana anterior.

¿Pedir permiso para ir al baño durante el examen y esperar lo máximo posible para volver al salón de clases? No, la maestra enviaría a alguien a buscarlo.

¿Decirle a la maestra que había tenido una urgencia familiar que lo había obligado a ir al hospital y olvidó llevar su libro de Matemáticas, y como regresó tarde no tuvo tiempo de abrirlo, y...? No, jamás le creería.

Mientras repasaba sus opciones, Pedro empezó a sentirse muy raro. "Algo está distinto", pensó. "Me estoy moviendo... muy... leeeeento...".

Miró hacia abajo y gritó espantado. ¡Su piel era verde! Y en lugar de brazos y piernas, ahora tenía cuatro patas cortas y regordetas. Su estómago era plano y verde. Sentía la espalda rara, grande y redonda, como un *caparazón*.

—¿Qué me está pasando? —exclamó—. ¡Parezco una tortuga!

Intentó levantarse de la cama, pero el caparazón hacía que todo le costara mucho más. Se meneó y forcejeó hasta que finalmente cayó al suelo con un golpe sordo. Y ahí se quedó, sacudiéndose patas arriba, hasta que su hermanita Patricia apareció en la puerta.

—Pedro —dijo con su voz más mandona—, estás tardando para bajar a desayunar... *como siempre.* Dice mamá que te vistas de una vez.

Pedro la miró asombrado. ¿Acaso no se daba cuenta de su aspecto?

—Tendrás que disculparme, pero ¿cómo hago para vestirme con tamaño *caparazón* en la espalda?

Patricia lo miró con fastidio.

—O sea... ¿No ves que soy una *tortuga*?

—¿Y cuál es la novedad? Todos saben que eres lerdo, y *siempre* has sido así. El autobús pasa en 5 minutos —dijo y se fue dando saltitos.

Pedro no podía creer lo que le estaba sucediendo. La sudadera se le rasgó cuando quiso ponérsela en su caparazón. Bajó la escalera con pasos pesados, un escalón a la vez, y se arrastró hasta la mesa donde lo esperaba el desayuno. Ni su mamá ni su papá mostraron el menor signo de sorpresa. En el autobús, el enorme caparazón ocupaba un asiento completo. Pedro trató de abrir el libro de Matemáticas para aprender algo a último momento, pero sus patitas no le dejaban dar vuelta las páginas. Y cuando trató de entrar corriendo a la escuela para preguntarles a sus amigos qué habría en el examen, no... lograba... alcanzarlos...

Los demás estudiantes pasaban a su lado como una tromba. Pedro llegó al salón de clases cuando el examen ya había empezado. A la maestra no le gustó nada que llegara tarde.

—Tendrás que trabajar más rápido —le advirtió.

Cada vez que Pedro intentaba sujetar el lápiz, se le resbalaba. Los minutos pasaban. Podía oír los lápices de los demás estudiantes moviéndose veloces sobre las hojas. Sabía que no tenía ninguna posibilidad de terminar el examen antes de que sonara el timbre. La maestra le pondría una F, sus padres se decepcionarían, y Patricia pondría los ojos en blanco y haría una mueca de desprecio.

No tenía caso. Pedro escondió la cabeza y las patas en el caparazón. "¡¿Por qué tuve que procrastinar?!", se lamentó. Dentro del caparazón, las palabras hacían eco como en una cueva, rebotando de un lado al otro: "¡¿Por qué tuve que **procrastinar!?**

procrastinar!?

procrastinar!?"

Pedro se despertó sobresaltado. El reloj marcaba las seis en punto. Miró hacia abajo y descubrió aliviado que no era una tortuga. ¡Qué fea pesadilla!

Decidió levantarse y ponerse a estudiar. Encendió la luz y se sentó en su escritorio. "Si me pongo ya a estudiar, en una hora avanzaré un montón. Después de desayunar, repasaré un rato. Si necesito más tiempo, estudiaré en el autobús", pensó.

El plan lo dejó conforme. Nadie iba a decirle *lerdo*. Y de ahora en más, trataría muy bien a las tortugas.

Cómo dejar de procrastinar, ¡empezando ya!

Levántate y haz UNA de las tareas que vienes posponiendo. Te renovará la energía y sentirás que lograste algo. No importa si es algo pequeño: un logro es un logro. Y luego estarás motivado para hacer otra tarea y luego otra... Casi sin darte cuenta, andarás diciéndoles a tus amigos: "¡Ponte en marcha que escarcha!".

Notas
▚▚▚▚▚▚▚▚▚■■■■■■■■■■■■■■■■■■■■■■■■■■

Los datos sobre procrastinación que aparecen en la página 3 se tomaron de "The Nature of Procrastination: A Meta-Analytic and Theoretical Review of Quintessential Self-Regulatory Failure" de Piers Steel, publicado en *Psychological Bulletin*, Vol. 133, N.º 1 (enero de 2007), págs. 65–94. Washington D. C.: American Psychological Association.

La sección "Proyecto grande, pequeños pasos" de las páginas 72 a 74 está adaptada de *School Power: Study Skill Strategies for Succeeding in School* de Jeanne Shay Schumm, Ph.D. (Minneapolis: Free Spirit Publishing, 2001). Usado con autorización.

La sección "Desbloquéate" de las páginas 76 y 77 está adaptada de *Life Lists for Teens* by Pamela Espeland (Minneapolis: Free Spirit Publishing, 2003). Usado con autorización.

La sección "Y ¿qué pasó con Pedro?" de las páginas 90 a 93 está inspirada parcialmente en el cuento *La metamorfosis* de Franz Kafka. Nuestras más sentidas disculpas al señor Kafka.

Índice

Acerca de las autoras

Pamela Espeland y Elizabeth Verdick han escrito muchos libros para niños y adolescentes, incluido *¡Pórtate bien!* (*Aprende buenos modales*). Ambas viven en Minnesota con sus familias y sus mascotas. Asistieron a la misma universidad (aunque no al mismo tiempo) y difícilmente se les pase una fecha de entrega.

Para conocer más títulos de la serie Laugh & Learn® de Free Spirit, visite freespirit.com.